ROMANCES

ET

CHANSONS

PAR

ÉMILE COUTURIER

PREMIÈRE SÉRIE

Dédicace aux Dames de Rochefort. — N'oubliez pas les Pauvres. — La Fleur de l'Oranger (musique de M. Hostié. — Des Vœux pour son Bonheur. — Ne t'en va pas ! — La Pervenche. — Le Chant du Cygne. — Les Lilas. — Les Cœurs flétris. — Mariez-vous.

ROCHEFORT

IMPRIMERIES MERCIER ET DEVOIS, RUE DES FONDERIES, 72

1860

Rochefort. — Imprimeries Mercier et Devois, rue des Fonderies, 72.

ROMANCES ET CHANSONS

DÉDICACE

Dans tout pays de l'Europe, du monde,
On rend en vers hommage à la beauté,
Et c'est ainsi, quand tu naquis de l'onde,
Que ton pouvoir, ô Vénus! fut chanté.
Sous de beaux yeux toujours la Poésie
Met aussitôt ses plus tendres moissons :
A Rochefort chaque dame est jolie ;
A leur bonté nous livrons nos chansons.

On place haut la femme remarquable
Qui sait te plaire, ô farouche Osmanlis !
Chaque Andalouse est, dit-on, adorable :
Nous vous aimons, filles de nos pays.
Caucase altier, Saintonge, Andalousie,
Vos fleurs d'amour se valent, nous pensons :
A Rochefort chaque dame est jolie ;
En leur honneur on a fait des chansons.

Dans notre ville est-il quelques volages ?...
Nous avons tant de ravissantes fleurs
Que, si l'on veut adresser des hommages,
L'embarras vient se glisser dans les cœurs.
Par nous, du moins, aucune n'est choisie :
Toutes les fleurs ici nous encensons ;
De Rochefort chaque dame jolie,
Avec bonté, recevra nos chansons.

Émile COUTURIER.

N'OUBLIEZ PAS LES PAUVRES.

Dans l'hiver, saison ennemie,
Aux tendres fleurs temps si fatal,
Chaque dame, heureuse et jolie,
Songe à briller au sein du bal.
Quand, éclatantes de parure,
Les plaisirs volent sur vos pas,
Le pauvre tremble de froidure,
Mesdames, ne l'oubliez pas !

Riches du monde, que vous êtes
Heureux sur vos doux édredons !
Vous bravez frimas et tempêtes,
Sous les lambris de vos salons.
L'indigent, sans feu ni lumière,
Gémit sur de tristes grabats....
Souvent il est nu sur la pierre :
Messieurs, ah ! ne l'oubliez pas !

Jeunes filles au sort prospère,
Songez que vous avez des sœurs

Dont l'impitoyable misère
Bien souvent assombrit les cœurs.
Que ces fleurs trop tôt soucieuses
Aient quelques beaux jours ici-bas !
Pour elles, soyez généreuses :
Hélas ! ne les oubliez pas !

Et vous, enfants, dont l'élégance
Dit : ils ont de riches parents,
Ignorez-vous que la souffrance
Flétrit les fils des indigents ?
Soyez joyeux, soyez aimables ;
Songez pourtant, dans vos ébats,
Qu'il est de petits misérables :
Enfants, ne les oubliez pas !

A Jésus-Christ gloire éternelle !
Quand il abandonna les cieux
Pour notre région mortelle,
Il dit : « Que chacun soit heureux ! »
L'homme-Dieu ne vint sur la terre
Prêcher, — puis souffrir le trépas,
Que pour étouffer la misère :
Mes amis, ne l'oublions pas !

LA FLEUR DE L'ORANGER.

O mon bon ange, à l'aile blanche et pure !
Prends ton essor vers ton premier séjour ;
Au divin roi, l'auteur de la nature,
Porte des vœux formés en ce beau jour.

Et dis aussi que *** couronnée
Est ravissante, ô mon doux messager !
Et que jamais vierge à son hyménée
Ne porta mieux la fleur de l'oranger.

En notre nom, demande lui pour elle
Des jours nombreux d'amour et de bonheur ;
Demande lui que la peine cruelle,
Les noirs chagrins n'attristent point son cœur.

Puis dis encor que *** couronnée
Est ravissante, ô mon doux messager !
Et que jamais vierge à son hyménée
Ne porta mieux la fleur de l'oranger.

Son front candide est rayonnant d'ivresse ;
Et son époux, comme il paraît heureux !
Que l'Éternel protége leur tendresse !
Pars, mon bon ange, et porte lui nos vœux.

Mais dis lui bien que *** couronnée
Est ravissante, ô mon doux messager !
Et que jamais vierge à son hyménée
Ne porta mieux la fleur de l'oranger.

DES VŒUX POUR SON BONHEUR.

Dès que l'hiver sur nos rives s'avance,
Vers un doux ciel l'oiseau prend son essor.
Pour vous, Emma, l'hiver, c'est la souffrance;
C'est pour la fuir que vous partez encor.
Vous méritez cependant d'être heureuse;
Mais un perfide a meurtri votre cœur.
En l'oubliant, redevenez joyeuse....
Ah! loin de nous, retrouvez le bonheur.

Pour nous, déjà, la voix mélodieuse
Qui tant de fois a charmé nos moments,
Ne vibre plus... riante ou sérieuse,
Elle éveillait de tendres sentiments!
D'autres seront pleins d'une douce ivresse,
Si vous chantez malgré votre douleur :
Pour eux la joie, et pour nous la tristesse,
Pour vous, du moins, retrouvez le bonheur.

Ah ! plus jamais de ces valses chéries,
Où doucement bercés par le plaisir,
Il se glissait dans les âmes ravies
Le doux espoir d'un charmant avenir.
Vous serez vue à des fêtes splendides
Environnée et d'hommage et d'honneur ;
Mais de l'oubli chassez les traits perfides,
Si loin de nous vous trouvez le bonheur.

Que les projets pour une heureuse vie
Sont aisément formés par les humains !
Mais voulons-nous à notre fantaisie
Donner un corps, bien des efforts sont vains.
On espérait aux lieux de votre enfance
Vous voir longtemps ; puis guérir votre cœur ;
Mais vous partez ; on perd toute espérance :
Ah ! loin de nous retrouvez le bonheur.

NE T'EN VA PAS !

Tu veux partir, Fernand, pour de lointains rivages !
Du pays des palmiers tu veux revoir les plages !
Vers ce pays pourquoi porterais-tu tes pas ?
Hélas ! pourquoi partir ? tu vas briser ma vie.
N'as-tu plus de bonheur auprès de ta Lucie ?
    Fernand ! ne t'en va pas !

Je n'envirai jamais les autres biens du monde,
Tant que j'aurai, Fernand, ton amitié profonde.
Suis-je vraiment heureuse ailleurs que dans tes bras?

Il faut que près de moi tu demeures sans cesse
Pour me parler toujours de ta vive tendresse.
    Ami ! ne t'en va pas !

Sans tes sermens d'amour, je ne saurais plus vivre ;
Ta parole me plaît, ton sourire m'enivre ;
Respirer loin de toi ne serait qu'un trépas.
Je t'ai donné mon cœur, à toi ma vie entière :
Entends ma voix, Fernand ! écoute ma prière !
    Oh ! non ! ne t'en va pas !

De l'esprit de Fernand tous les lointains rivages
S'effacèrent à ces mots, et jamais vers les plages
Du pays des palmiers il ne porta ses pas ;
Depuis dans l'allégresse il voit couler sa vie,
Et l'on n'entend jamais l'amoureuse Lucie
    Dire : « ne t'en va pas ! »

LA PERVENCHE.

Quand je te vois, je suis charmée,
Pervenche, ravissante fleur,
Toi qui jadis fus tant aimée
D'un noble et trop sensible cœur.
Au philosophe de Genève,
Si ton azur venait s'offrir,
Tu rappelais plus d'un beau rêve,
De son passé pour l'avenir.
Mon cœur aussi se trouve heureux,
Quand je vois tes calices bleus.

Petite fleur au doux emblême,
Vers toi se tournent tous les yeux.
Pas de belle âme qui ne t'aime ·
Chacun de te voir est joyeux.

Aux rivages de l'Armorique,
Un te répandait sous les pas
De la jeune fille pudique
A qui l'hymen ouvrait les bras.
Aux regards des amants heureux,
On offrait tes calices bleus.

Sous le ciel pur de la Toscane,
Des vierges tu parais le deuil ;
La princesse, la paysanne
Emportaient ta fleur au cercueil.
En France, sur la froide tombe
Nous te faisons épanouir :
Du fidèle ami qui succombe
Ton azur est le souvenir.
Celui qui pleure est plus heureux,
Quand il voit tes calices bleus

LE CHANT DU CYGNE.

« Arrêtons-nous près de cette onde pure..
« Je vais mourir sous les lilas en fleurs,
« Au temps d'amour où la riche nature
« Prodigue encor de suaves senteurs.
« Des jours passés mon âme toute fière
« Avec ma voix montera vers les cieux :
« C'est en chantant qu'on doit quitter la terre,
« Quand ici-bas l'on vécut si joyeux.

« Tous ne sont pas malheureux en ce monde :
« Je puis me dire un favori des Dieux.
« Où j'ai vécu : sur la terre, sur l'onde,
« Par leur secours je fus sans cesse heureux.
« Jamais pour moi de balle meurtrière ;
« Jamais non plus de piéges dangereux.
« C'est en chantant qu'on doit quitter la terre,
« Quand ici-bas l'on vécut si joyeux.

— 16 —

« Superbes lacs peu féconds en tempêtes,
« Vous ! les témoins discrets de mes amours,
« Vous connaissez mes succès, mes conquêtes :
« Votre miroir en refléta le cours.
« Si vos échos ne voulaient pas se taire,
« Ils rediraient mes baisers amoureux !
« C'est en chantant qu'on doit quitter la terre,
« Quand ici-bas l'on vécut si joyeux.

Sa voix vibrait non loin de l'onde pure ;
Il s'éteignit sous les lilas en fleurs,
Au temps d'amour où la riche nature
Livrait aux airs de suaves senteurs.
Des jours passés son âme toute fière
Avec sa voix s'élança vers les cieux ;
C'est en chantant qu'on doit quitter la terre,
Si, comme lui, l'on y fut si joyeux.

LES LILAS.

Du printemps charmantes prémices,
On vous recherchera toujours :
Il semble que de vos calices
S'échappent des essaims d'amours.
Vous nous rappelez une aurore,
Des jours qui ne reviendront pas.
Le cœur vieilli tressaille encore,
Quand refleurissent les lilas.

Que l'âme gémisse ou sommeille,
Si l'on voit leurs bouquets charmants,
Elle se calme ou se réveille
Pour quelques rapides moments.
Par la pensée, elle dévore
Un passé qu'on regrette, hélas !
Le cœur chagrin sourit encore,
Quand refleurissent les lilas.

Qui vois-je... là... dans la prairie,
Au premier éclat du matin ?
Mon cœur reconnaît Octavie
Qui de fleurs se fait un butin.
J'approche et lui dis : « Je t'adore !... »
Elle se jette dans mes bras ...
Mon cœur flétri s'anime encore,
Quand refleurissent les lilas.

A celui qui commence à vivre,
Ils prophétisent les plaisirs.
Leur aspect le trouble et l'enivre :
Il ressent d'amoureux désirs.
Ah ! que pour toujours il ignore
Qu'amour a de trompeurs appâts,
Et que son cœur palpite encore,
Quand ses yeux verront les lilas.

LES CŒURS FLÉTRIS.

Dans le hameau Pierre et Marie
Parlaient de leurs jours à venir.
Pauvres enfants, dans la prairie,
Ils s'étaient promis de s'unir.
Mais un riche du voisinage,
Par son trop perfide langage,
De Marie altéra le cœur.
Depuis ce temps dans la vallée,
Une croix funèbre isolée
De Pierre conte la douleur.
Le cœur flétri que l'espoir abandonne
Cherche parfois le calme dans la mort.
Un Dieu d'amour attendri lui pardonne,
Et dans le ciel lui fait un plus doux sort.

A la ville, Armand dit à Claire :
« Bientôt je serai votre époux,
« Et tant que nous serons sur terre
« Vous me verrez à vos genoux. »
Mais une noble et riche dame
Par beaucoup d'or tenta son âme

Avec elle il partit soudain.
Alors au lieu de fiançailles,
On vit passer des funérailles.
Claire était morte de chagrin.
Le cœur flétri que l'espoir abandonne
Cherche parfois le calme dans la mort.
Un Dieu d'amour attendri lui pardonne,
Et dans le ciel lui fait un plus doux sort.

C'est ainsi que sur cette terre,
Dans ses rêves on est surpris.
Dans le palais, dans la chaumière,
Que de tendres amours flétris !
Il faut de la philosophie,
A chaque instant de cette vie,
Pour lutter avec le malheur :
Le cœur quand il est trop sensible,
Dévoré d'un mal invisible,
Se dessèche comme une fleur.
Ce cœur flétri que l'espoir abandonne
Trouve du moins le calme dans la mort.
Un Dieu d'amour attendri lui pardonne,
Et dans le ciel lui fait un plus doux sort.

MARIEZ-VOUS.

La vie à deux ! non ! rien n'est plus suave !
On peut ainsi se faire un doux chemin :
Combien de maux, que de chagrins on brave,
Quand d'une amie on peut presser la main !
Écoutez-moi ; car mes avis sont sages :
Si vous voulez avoir des jours bien doux,
Et d'ici-bas affaiblir les orages,
Mes chers enfants, allons ! mariez-vous.

Pour votre nom voulez-vous de la gloire ?
Il faut compter sur la postérité.
Mariez-vous... aux pages de l'histoire,
Un jour peut-être un fils sera cité ;
Et de ce fils, le fruit du mariage,
Vous serez fier : distingué parmi tous,
Son nom vivra brillant dans un autre âge :
Mes chers enfants, allons ! mariez-vous.

Si vous voulez, quand l'aimable jeunesse
De son éclat n'ornera plus vos fronts,
Voir près de vous un être qui s'empresse
Pour adoucir du temps les durs affronts ;
Si vous voulez qu'à votre heure dernière,
Un ange pleure, — et prie à deux genoux,
Redemandant un époux ou un père :
Mes chers enfants, allons ! mariez-vous.

Quand sans aimer on dépense sa vie,
On ne peut dire en mourant : « j'ai vécu. »
Il faut qu'on dise à Dieu l'âme contrite :
« Pardonnez-moi : mon temps, je l'ai perdu. »
Un Dieu puissant, dont les lois sont si sages,
A fait l'amour pour qu'un moment bien doux
Des jours mauvais dissipe les orages :
Mes chers enfants, allons ! mariez-vous.

LES ROMANCES

ET

CHANSONS

De cette Série peuvent être chantées sur les airs connus ci-après indiqués :

La Dédicace, air de : *Qu'avez-vous donc, ô mes roses chéries ?*
N'oubliez pas les Pauvres, air de : *Laissez les roses aux rosiers.*
La Fleur de l'Oranger, air de : *Povero.*
Des Vœux pour son Bonheur, air de : *Petit Enfant.*
Ne t'en va pas! air de : *Eugènie.*
La Pervenche, air du : *Lilas blanc.*
Le Chant du Cygne, air de : *La colombe.*
Les Lilas, air du : *Printemps.*
Les Cœurs flétris, »
Mariez-vous, air de : *Petit Enfant.*

On pourra procurer la musique de la plupart des Romances et Chansons, notamment de la *Fleur de l'Oranger*, musique de M. Hostié; des *Cœurs flétris*, musique de M. Chautagne, &c., &c., &c.

S'adresser, pour la musique, à M. E. COUTURIER, rue Lafayette, 23.

www.ingramcontent.com/pod-product-compliance
Lightning Source LLC
Chambersburg PA
CBHW060900050426
42453CB00011B/2058